Sachbücher von Janvier T. Chando

IKONEN UND SCHURKEN: Jüngste Politische Attentate…
GEFALLENE HELDEN: Afrikanische Führer, deren Attentate...
UKRAINE: Das Tauziehen zwischen Russland und dem Westen
KAMERUN: Frankreichs Dysfunktionales Marionetten System in Afrika
KAMERUN: Das Heimgesuchte Herz Afrikas

Fiktionstitel von Janvier Chando

Der Usurpator: und andere Geschichten
Triple Agent, Doppel kreuz
Jünger des Vermögen
Die Union Muschik
Blitz der Sonne
Vermögen Ruft
Meister des Vermögen
Kinder des Vermögen
Großmütter und Perfekte Liebe
Verliebt Sein und Weise Sein
Die Feuer und Eis Legende
Der Süßeste Wahnsinn
Das Hunger Feuer
Die Schatten des Feuers
Vater und Söhne
Der Arzt
Dunkle Schatten
Schicksalhafte Krawatten
Das Urteil des Hades
Prozess Gegen Seine Majestät
Ngokos Torheit
Der Usurpator
Die Mitgift
Ich bin gehasst
Der Lümmel

Kommende Titel von Janvier Chando

Die Heim-Herumtreiber
Der Weiße Falke
Die Norilsk Bären
Sterbliche Freunde

EIN TOD IN GENF, DER EINE NATION IN EIN KOMA VERSETZTE, UND DER AFRIKA TRAUMATISIERTE: Die Ermordung von Félix-Roland Moumié und Kameruns Unvollendeter Befreiung

Janvier Tchouteu

TISI BOOKS

NEW YORK, RALEIGH, LONDON, AMSTERDAM

VERÖFFENTLICHT VON TISI BOOKS

ISBN-13: 978-1-6706-3147-3
ISBN-10: 1-6706-3147-8

VERÖFFENTLICHT VON TISI BOOKS
www.tisibooks.com

NEW YORK, RALEIGH, LONDON, AMSTERDAM

Gedruckt in den Vereinigten Staaten von Amerika

ANERKENNUNG

Besondere Dankesworte an Idris Mbebwo Doh, mit dem wir über das Erbe der Moumie gesprochen haben.

WIDMUNG

Das Buch ist allen ikonischen und legendären Führern gewidmet, deren Zweck es war, der Menschheit zu dienen und das Wohlergehen der Menschheit zu fördern, insbesondere jenen, deren historische Missionen von den bösen Mächten dieser Welt unterbrochen wurden.

EIN TOD IN GENF, DER EINE NATION IN EIN KOMA VERSETZTE, UND DER AFRIKA TRAUMATISIERTE: Die Ermordung von Félix-Roland Moumié und Kameruns Unvollendeter Befreiung

ZITATE

„Wenn wir bis zum Tod gegen eine willkürliche Eingliederung unseres Landes in das Französische Kolonialreich kämpfen, dann deshalb, weil wir die erobernden Verteidiger des Selbstbestimmungsrechts der Völker bleiben wollen. Wir sind also im Dienst von Kamerun und Afrika ... wir sind die wahren Handwerker der internationalen Entspannung. Als revolutionäre Nationalisten kämpfen wir darum, für die Kamerun und für sich allein eine echte nationale "Unabhängigkeit" zu verwirklichen, mit der "Vereinigung" als Voraussetzung, gleichzeitig oder aufeinanderfolgend, aber niemals ausgeschlossen. "

Ruben Um Nyobè

„Wir sind nicht in diesen Kampf involviert, nur weil wir glauben, dass wir dieses System im Laufe unseres Lebens abbauen werden. Wir hoffen, dass sich Kamerun morgen ändert. Wenn dies nicht der Fall ist, werden wir froh sein zu wissen, dass wir den Boden für die nächste Generation fruchtbar gemacht haben, die die Fäulnis in diesem Land beenden und die "NEUE KAMERUN" gründen wird.“

Dr. Samuel F. Tchwenko, eheMaliger UPCistisch und

Chefideologe der historischen SDF von 1990-2002

„Ein Volk, das entschlossen ist, für Freiheit und Unabhängigkeit zu kämpfen, ist unbesiegbar."
Ruben Um Nyobè

„Kamerun ist kein Land der Sklaven, das kein Mensch befreien kann."
Janvier Chouteu-Chando

„Der Feind ist nicht derjenige, der dir mit einem Schwert in der Hand gegenübersteht, das ist der Gegner. Der Feind ist der hinter dir mit einem Messer im Rücken."
Thomas Sankara

„... Die Welt wird von Zeit zu Zeit mit einzigartigen Seelen gesegnet, die trotz ihrer unsichtbaren Kreuze die außerordentliche Kraft haben, im Leben voranzukommen und gleichzeitig anderen zu helfen. Trotz ihrer Schwierigkeiten denken die meisten von uns, dass es ihnen gut geht. Selbst wenn das Gewicht ihrer Kreuze unerträglich wird, auch wenn sie atemlos vorgehen, fällt es uns immer noch schwer zu verstehen, dass sie ertrinken. Tatsächlich verurteilen wir sie sogar dafür, dass sie nicht mehr geopfert haben..."
Janvier Chouteu-Chando, Schüler des Schicksals

„Politische Unabhängigkeit hat keine Bedeutung, wenn sie nicht von einer raschen wirtschaftlichen und sozialen Entwicklung begleitet wird."
Patrice Lumumba

„Das Schlimmste, was der Kolonialismus getan hat, war, unsere Sicht auf unsere Vergangenheit zu trüben."
Barack Obama

„Bis die Löwen ihre eigenen Historiker haben, wird die Geschichte der Jagd den Jäger immer verherrlichen."
Chinua Achebe

„Die Charaktere in unserem anderen Leben sind Geister, die die Literatur wiederbelebt."
Olivier Weber

INHALT

ANERKENNUNG 7

WIDMUNG 9

ZITATE 13

EINFÜHRUNG 25

Kapitel Eins 27

Kapitel Zwei 30

Kapitel Drei 32

Kapitel Vier 36

Kapitel Fünf 42

Karten

Kamerun auf einer Weltkarte

Politische Karte der Afrikanischen Länder

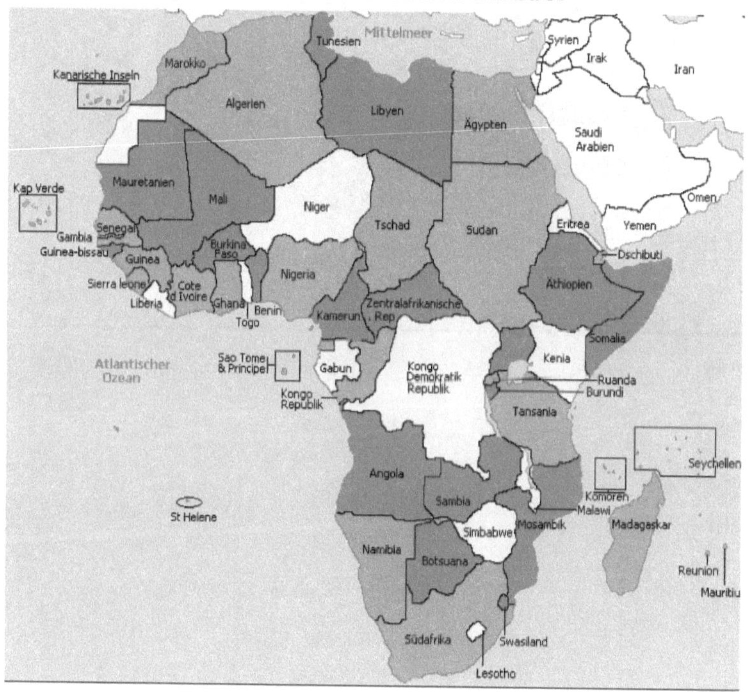

Teilungs Karte von Afrika: 1884-1914

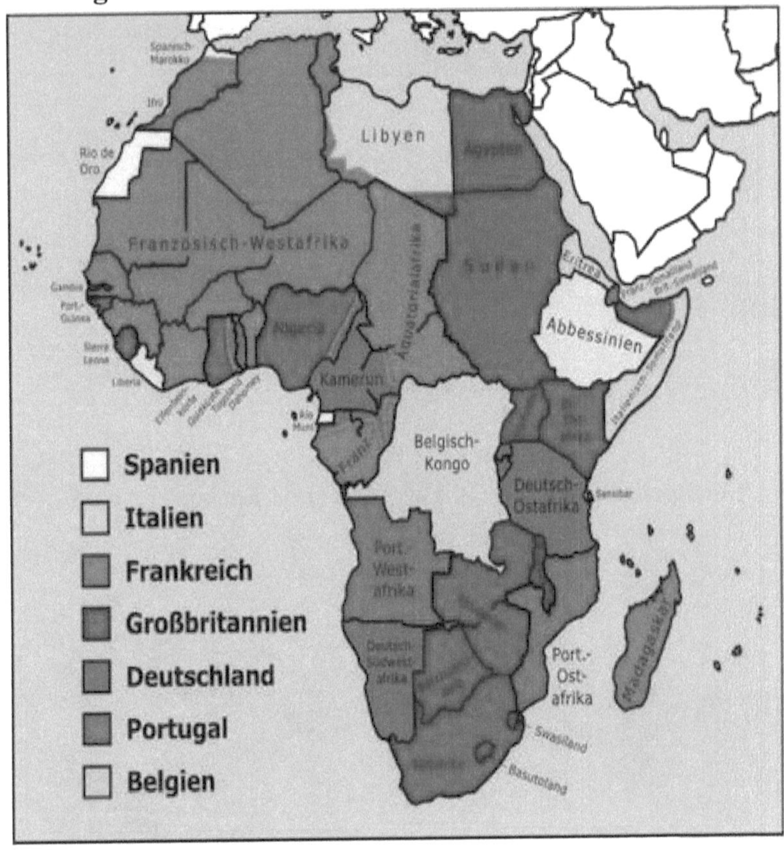

Unabhängigkeits Karte der Afrikanischen Länder

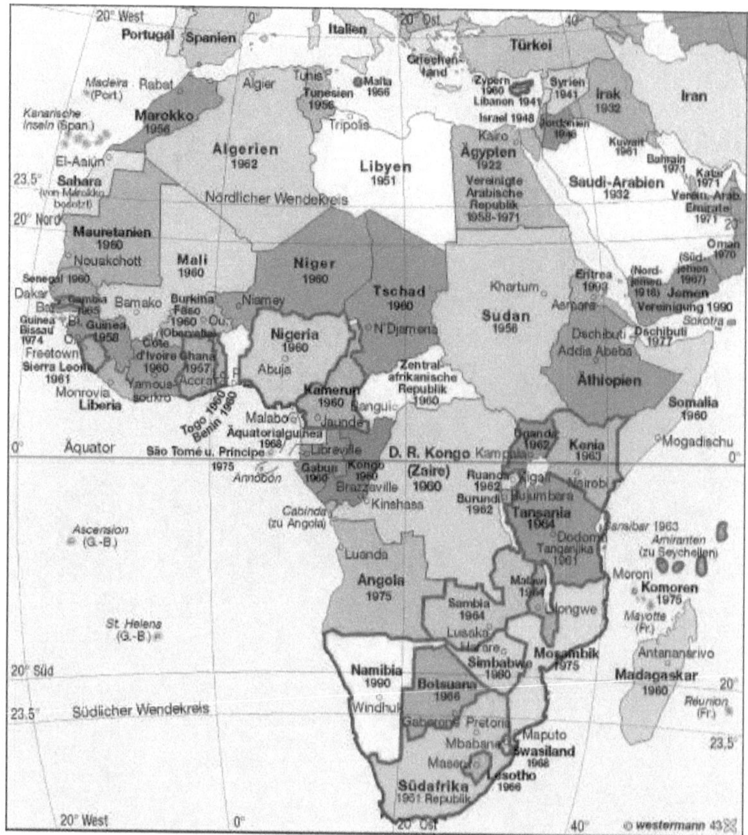

Die Natürlichen Ressourcen der ZentralAfrikanischen Region

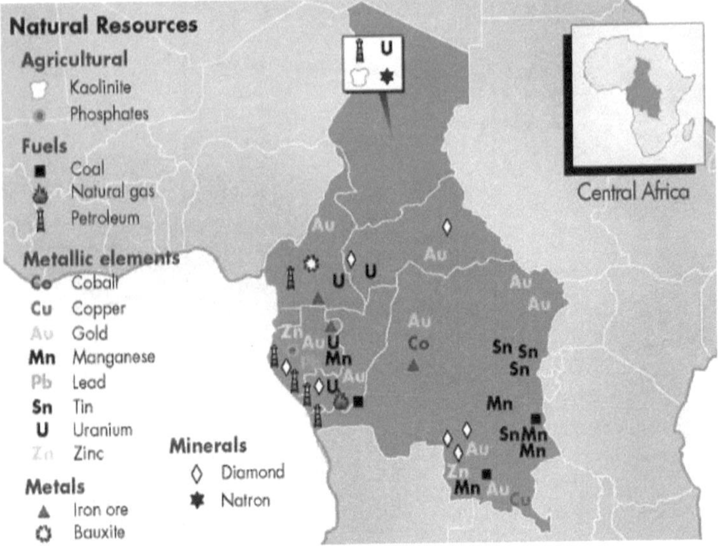

Kamerun im Laufe der Zeit

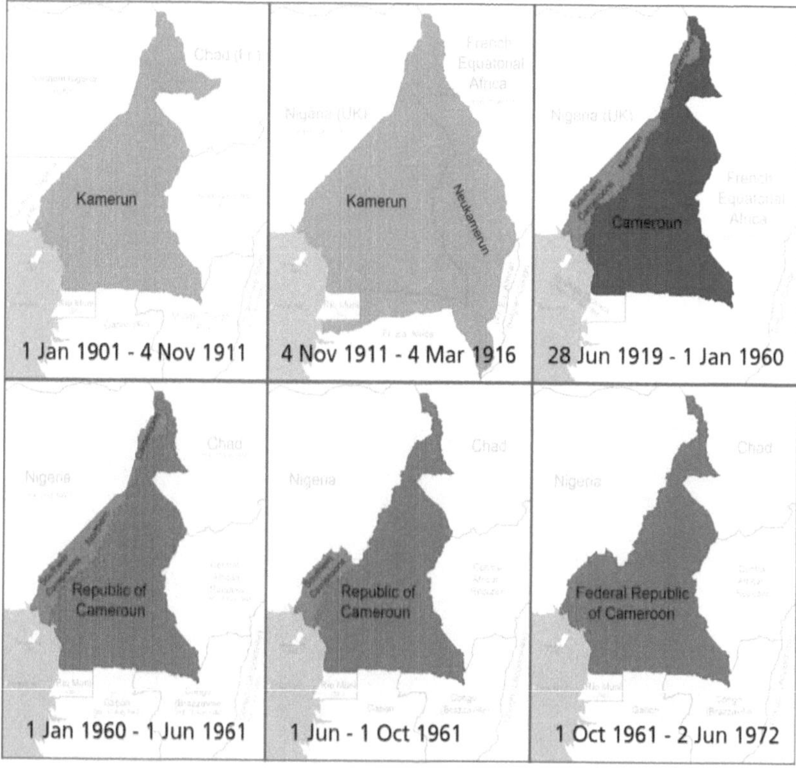

1. Deutsche Kamerun (1884-1911)
2. Deutsche Kamerun (1911-1916)
3. Britisch-Kamerun & Französisch-Kamerun: 1916-1960
4. Britisch-Kamerun und die Republik Kamerun (1960-1961)
5. Britische SüdKamerunen und die Republik Kamerun (1960-1961)
6. Heute wiedervereinigtes / unabhängiges Kamerun.

Kapitel Eins

Félix-Roland Moumié

UPC-leiders (links naar rechts) voorste rij: Castor Osendé Afana, Abel Kingué, Ruben Um Nyobé, Félix Moumie en Ernest Ouandié

Der 1926 geborene Félix-Roland Moumié war ein antikolonialistischer Kamerunischer Führer und Panafrikanistisch. Sein Attentat in Genf am 3. November 1960 durch William Bechtel von der SDECE (dem Französischen Geheimdienst) mit Thallium gilt als das dreisteste Verbrechen des Französischen Geheimdienstes im Ausland und als der vielleicht größte Einzelschlag, den Kamerunische Staatsbürgerlich-nationalisten erlitten haben in ihrem Kampf für die Befreiung des Landes von der neokolonialen Kontrolle durch Frankreich.

Dr. Felix-Roland Moumié war von 1958 bis 1960 Vorsitzender der UPC (*Union des Populations du Cameroun*, auch *Union du Peuple Camerounais* genannt — Union der Bevölkerungen von Kamerun). Die UPC war die erste historische politische Partei, die aus den Gebieten der eheMaligen deutschen Kolonie Kamerun hervorging. Die 1948 gegründete UPC operierte sowohl in Französisch-Kamerun als auch in Britisch-Kamerun — den

Treuhandgebieten der Vereinten Nationen, die aus dem eheMaligen deutschen Kamerun von 1884 bis 1916 nach seiner Teilung zwischen Großbritannien und Frankreich, wie im Versailler Vertrag vom 28. Juni 1919 vereinbart, dem wichtigsten der Friedensverträge, die den Ersten Weltkrieg zum Abschluss brachten, indem das Ende des Kriegszustands zwischen Deutschland und den alliierten Mächten forMalisiert wurde. Das Hauptziel der Partei war die Wiedervereinigung und Unabhängigkeit von Britisch-Kamerun und Französisch-Kamerun, Treuhandgebiete, die die Nachfolger der Völkerbundmandate waren und die entstanden, als der Völkerbund 1946 aufhörte zu existieren.

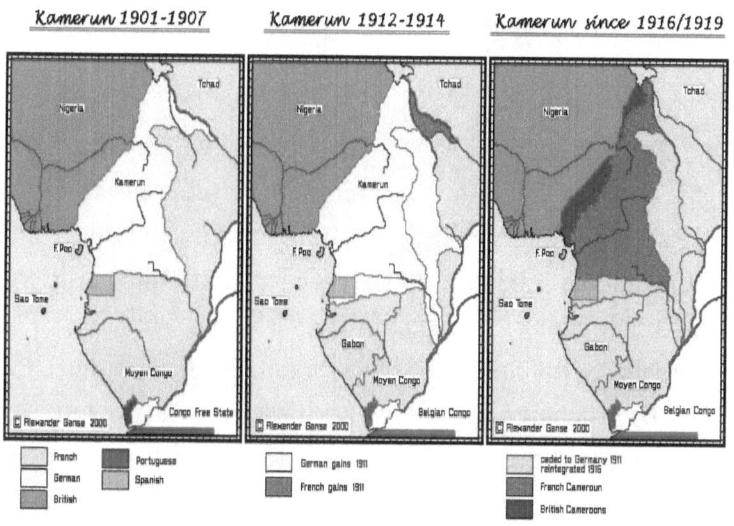

Kapitel Zwei

Die Französische Treuhandverwaltung verbot die UPC 1955 und beschuldigte sie, Unruhen zu schüren, wodurch die Partei im Sommer 1955 ins Exil gezwungen wurde. Die UPC tauchte jedoch 1956 wieder auf und forderte Frankreich über internationale Medien heraus. Die britischen Kolonialbehörden verboten 1958 auch die UPC in Britisch-Kamerun und zwangen damit den größten Teil ihrer Führung, die aus Französisch-Kamerun flohen und in Britisch-Kamerun Zuflucht suchten, nach Ägypten, Ghana, China und anderen Ländern zu fliehen, die die Kamerunische Sache für ihre Wiedervereinigung und Unabhängigkeit unterstützten.

Ruben Um Nyobé, Parteichef und Generalsekretär; Ernest Ouandié und Abel Kingué, die beiden

Vizepräsidenten der Partei; und Felix Moumié versprach, den Kampf für die Wiedervereinigung und Unabhängigkeit von Französisch-Kamerun und Britisch-Kamerun fortzusetzen, obwohl Frankreich entschlossen war, die Völker der eheMaligen deutschen Kamerun zu spalten und zu regieren. Immerhin befahl die UPC hatte die Unterstützung der meisten Menschen in Französisch-Kamerun, und ihre Ableger und Schwesterparteien in Britisch-Kamerun hatte die Unterstützung der Wählerschaft dort. Tatsächlich unterstützten mehr als 80% der gebildeten Kameruner die Partei und ihren Grund für die Wiedervereinigung und Unabhängigkeit der Länder der eheMaligen deutschen Kamerun.

Die UPC erlitt jedoch etwa drei Jahre nach dem Verbot ihr erstes schweres trauma, das war eine Zeit, als Einige Experten begannen zu glauben, Frankreich würde es der Partei ermöglichen, wieder als rechtliche politische Einheit zu agieren. Die Sicherheitskräfte der Französischen Treuhandverwaltung ermordeten am 13. September 1958 in der Nähe seines Heimatdorfes Boumnyebel im Bassaland den ersten historischen Führer der UPC, Ruben Um Nyobé.

Kapitel Drei

Als Dr. Felix-Roland Moumié die Nachfolge von Ruben Um Nyobé antrat, musste er aus dem Exil operieren, obwohl die UPC die einzige Partei in Französisch-Kamerun war, die die überwältigende Unterstützung der französischen Kameruner genoss, und obwohl sie auch die einzige war politische Partei in dem Teil des ehemaligen Deutschen Kamerun, der ein ähnliches Programm mit Schwesterparteien oder Ablegern in Britisch-Kamerun teilte. Keineswegs entmutigt forderte die UPC das Vorgehen Frankreichs dagegen entschlossener heraus, so dass die UPC-Partisanen die Kontrolle über die Landschaft der südlichen Hälfte von Französisch-Kamerun hatten, bevor Frankreich die politische Kontrolle oder Souveränität des französischen Kamerun an seine Marionette Ahmadou Ahidjo übergab, dann erklärte es das Land am 1. Januar

1960 für unabhängig, während es gleichzeitig eine Reihe sozioökonomischer, politischer und militärischer Vereinbarungen mit dem jungen Staat traf, die es praktisch zu einem Hinterhof Frankreichs machten.

Der Daten der Unabhängigkeit der Afrikanischen Länder

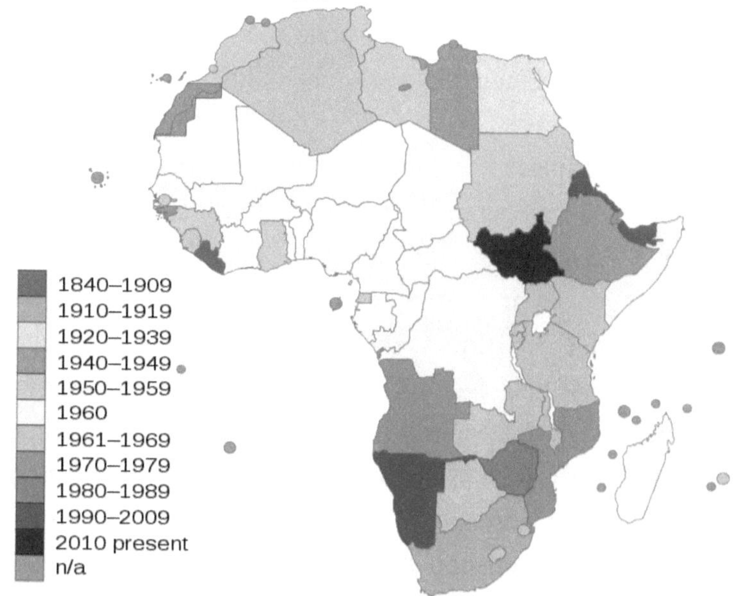

Félix Moumié, der von manchen als der „Afrikaner Che Guevara in der Mache" angesehen wird, war ein kluger Anführer und ein großartiger Organisator, der sich vor seinem Tod im Sommer 1960 mit Ernesto Che Guevara, dem argentinischen internationalen Revolutionär und Stellvertreter, getroffen hatte -Kommando in der neuen antiamerikanischen und antiwestlichen Regierung von Fidel Castros Kuba. Zusätzlich zu dieser Entwicklung hatte der kamerunische Partisanenführer erfolgreich eine besondere Beziehung zu dem kriegerischen ägyptischen Präsidenten Gamal Abdel Nasser, dem panafrikanistischen Präsidenten von Ghana Kwame Nkrumah, dem unerschütterlichen Patrice Lumumba von Kongo-Kinshasa (dem ehemaligen Belgisch-Kongo) und dem hartnäckigen nationalistischen guineischen Staatsoberhaupt Sékou Touré entwickelt, der Frankreich trotzte und Guinea aus den neokolonialen Fängen seines ehemaligen Kolonialherrn führte.

Viele Experten glauben, Frankreich und seine Verbündeten im Kalten Krieg befürchteten den Antrieb des neuen UPC-Führers, insbesondere beim Aufbau enger Beziehungen zu einigen anderen Führern des kommunistischen Blocks, die hofften, Afrika eines Tages als wirtschaftlich geeinten und politisch integrierten Kontinent. Die Tatsache, dass diese Führer versprachen, Moumiés Partisanengruppe stärker zu unterstützen, machte Frankreich und Ahmadou Ahidjo äußerst nervös.

Der im Exil lebende zweite Führer der kamerunischen staatsbürgerlich-nationalistischen Bewegung war im Oktober 1960 auf einer Mission in Europa, als William Bechtel ihn in ein Hotel in Genf einlud. Er hat sich als Journalist ausgegeben. Tatsächlich war er Mitglied des "Main Rouge", eines Ablegers einer Spezialeinheit des französischen Geheimdienstes, deren Aufgabe es ist, antifranzösische und Unabhängigkeitsfördernde afrikanische Nationalisten und ihre Unterstützer in Europa zu eliminieren.

Moumié wurde durch eine Aufforderung eines Restaurantpersonals zum Telefon abgelenkt und ließ sein unfertiges Getränk, das Bechtel durch Eingießen einer tödlichen Dosis Thallium kontaminierte, zurück. Aber Moumié trank es bei seiner Rückkehr nicht. So schuf Bechtel eine weitere Ablenkung, bei der er eine weitere Dosis Thallium in Moumiés Wein goss. Moumié schluckte beide Getränke und starb am 3. November 1960 in einem Genfer Krankenhaus, Tage vor seiner Rückkehr nach Guinea und viel früher als von seinen Mördern geplant. Die Tatsache, dass der kamerunische Befreiungsführer eine Überdosis des Giftes eingenommen hatte, vereitelte die Verschwörung Frankreichs, um Felix Moumiés Tod dem guineischen Präsidenten Sekou Touré zuzuschreiben, der während seines Exils in der guineischen Hauptstadt Conakry als Gastgeber des UPC-Führers fungiert hatte.

Kapitel Vier

Auf die Ermordung von Félix Moumié folgte drei Monate später die schreckliche Ermordung von Patrice Lumumba aus dem ehemaligen belgischen Kongo. Auf den Tod dieser beiden Afrikanischen Staatsbürgerlich-Nationalisten mit Panafrikanistischische Vision würde eine blutige Unterdrückung des Widerstandes der Bevölkerung gegen die neokolonialen Regime in ihren jeweiligen Ländern folgen.

Mit der Hinrichtung des Nachfolgers von Félix Moumié, Ernest Ouandie, im Januar 1971 wäre die neokoloniale Gegenoffensive gegen die antikolonialistischen Bewegungen im Herzen Afrikas beendet, was den Sieg der neokolonialen Streitkräfte bedeuten würde. Diese neue Realität hätte katastrophale Folgen nicht nur in der Zentralafrikanischen Region, sondern in ganz Afrika. Das frankophone Afrika südlich der Sahara hat es nicht gewagt, sich dem Französischen Neokolonialismus zu widersetzen, seit der Niederlage des Kamerunischen Staatsbürgerlichnationalismus und der Einführung eines mafiaähnlichen Kontrollsystems über seine ehemaligen Kolonien durch Frankreich, das Französische Marionetten einsetzt, die gegenüber ihrem Volk nicht rechenschaftspflichtig sind.

Teilungs Karte von Afrika: 1884-1914

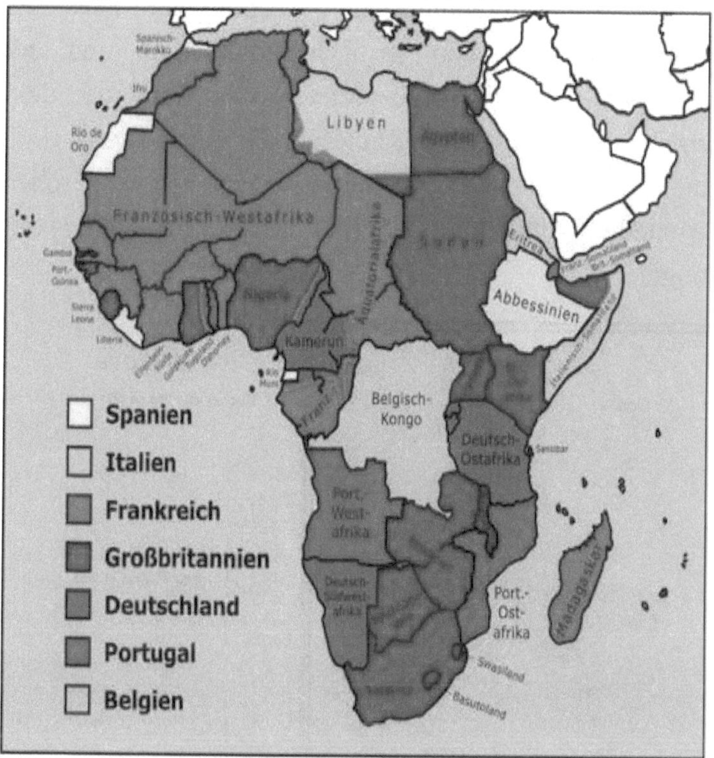

Der Tod von Félix Moumié, die Aufrechterhaltung des Französischen UPC-Verbots, die Vertreibung der UPC aus Britisch-Kamerun 1958 und die Rückkehr der Französischen Legende und des neokolonialistischen Generals Charles De Gaulle an die Macht in Frankreich machten die Verwirklichung des Kamerunischen Traums von Wiedervereinigung, Unabhängigkeit und Entwicklung scheinen unmöglich. Die Ableger der UPC in Britisch-Kamerun und der Kamerunischen Staatsbürgerlich-nationalisten in Britisch-Süd Kamerun verwirklichten jedoch den Traum von der Wiedervereinigung, indem sie die Kampagne im von den Vereinten Nationen gesponserten Referendum zur Abstimmung über die Wiedervereinigung von Britisch-SüdKamerun und der einjährigen Republik befürworteten von Kamerun, dem ehemaligen Französischen Kamerun, das am 1. Januar 1960 unter der Anti-UPC-Regierung der Französischen Marionette Ahmadou Ahidjo seine Unabhängigkeit erlangte.

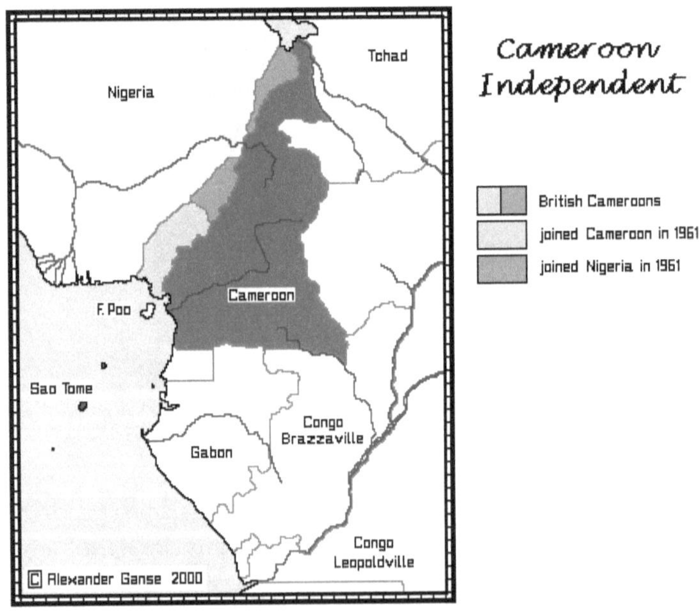

British Cameroons = Britisch Kamerun
Joined Cameroun in 1961 = trat der Republik Kamerun — das ehemalige Französische Kamerun — bei 1961 (Wiedervereinigung)
Joined Nigeria in 1961 = trat Nigeria bei 1961

11.-12. Februar 1961 Britisch-Kamerunische Volksabstimmung
Hauptpunkte: Die Wähler wurden gefragt, ob sie sich mit Nigeria oder
Kamerun vereinigen wollen, wenn den beiden Regionen die
Unabhängigkeit gewährt wird.

Britische Nordkamerunen

Registrierte Wähler	292,985
Gesamte stimmen (Wahlbeteiligung)	Nicht verfügbar (N/A)
Ungültig/Leere Stimmen	Nicht verfügbar
Insgesamt Gültige Stimmen	243,955

Britische Südkamerunen

Registrierte Wähler	349,652
Gesamte stimmen (Wahlbeteiligung)	Nicht verfügbar (N/A)
Ungültig/Leere Stimmen	Nicht verfügbar
Insgesamt Gültige Stimmen	331,312

Ergebnisse	NordKamerunen		SüdKamerunen	
	Anzahl der Stimmen	% Der Stimmen	Anzahl der Stimmen	% Der Stimmen
Union mit der Föderation von Nigeria	146,296	59.97%	97,741	29.50%
Union mit der Republik Kamerun	97,659	40.03%	233,571	70.50%

Tatsächlich führte die UPC, obwohl sie unterlegen bewaffnet
war, eine effektive Guerilla-Kampagne, die Ende 1959 die
vollständige französische Kontrolle im Süden des Landes nur
auf die Städte und Gemeinden beschränkt hatte und die Dörfer
und das Land unter der Kontrolle der UPC ließ. Und da das
UN-Treuhandabkommen eine Obergrenze für die Anzahl der
Truppen festlegte, die die französische Armee auf dem
Territorium haben konnte, beschloss Frankreich, die

Gewährung der Unabhängigkeit an Französisch-Kamerun zu beschleunigen. Es gewährte jedoch Französisch-Kamerun am 01. Januar 1960 unter seiner Marionette Ahmadou Ahidjo die Unabhängigkeit und zwang Ahidjo gleichzeitig, einen geheimen Pakt mit Frankreich zu unterzeichnen, ein Abkommen mit wirtschaftlichen, politischen und militärischen Komponenten, das es Frankreich unter anderem ermöglichte, die Zahl der französischen Truppen, die es im ehemaligen Französisch-Kamerun stationiert hatte, zu vervielfachen. danach Republik Kamerun genannt. Die französische Armee würde ihre Präsenz im Land verstärken, indem sie die Anzahl ihrer Soldaten und Ausrüstung dort erhöht und die Rekrutierung und Ausbildung einer von Frankreich geführten lokalen kamerunischen Armee beschleunigt. Diese französisch-kamerunischen Armeen besiegten die Aufständischen in ihren Haupthochburgen im Bassaland 1960 und im Bamilekeland von 1962-1964, indem sie der UPC und der Zivilbevölkerung durch ihre wahllose Bombardierung sowohl der Guerillalager als auch der zivilen Gemeinschaften schwere Verluste zufügten, eine Politik der verbrannten Erde an sich, die einige Historiker und verschiedene Experten für einen von Frankreich angeführten Völkermord an bestimmten Kräften und Bevölkerungsgruppen in Kamerun halten, die sich Frankreichs neokolonialistischen Plänen für Kamerun widersetzten.

Die UPC erkannte 1965, dass sie den bewaffneten Konflikt gegen die französische Armee und die kamerunische Armee, die Frankreich für das Marionettenregime von Ahmadou Ahidjo geschaffen hatte, nicht mehr gewinnen konnte. Ausflüchtende Bemühungen, durch Friedensgespräche Frieden zu erreichen, würden Felix Moumiés Nachfolger Ernest Ouandie aus dem Busch locken, was zu seiner Kapitulation/Gefangennahme und dann seiner Hinrichtung im Januar 1971 führen würde, damit endet der bewaffnete Kampf der UPC gegen Frankreich für die Wiedervereinigung, Unabhängigkeit und Freiheit der Gebiete des ehemaligen deutschen Kamerun. Die meisten Experten sind sich einig, dass der Konflikt zum Tod von mehr als einer halben Million Kameruner geführt hat, was einige von ihnen als „Kameruns unvollendete Befreiung" betrachten, da diejenigen und die Erben derer, die sich für die Wiedervereinigung und Unabhängigkeit Kameruns eingesetzt und gekämpft haben, daran gehindert wurden seitdem von der Macht im Land.

Kapitel Fünf

Kameruner aus dem englischsprachigen Teil des wiedervereinigten Kamerun erkannten bald, dass sie von Frankreich und seiner Marionette getäuscht und unterworfen worden waren, wie die besiegten und unterdrückten Bevölkerungen des französischsprachigen Teils des Landes, und dass auch sie nun unter dem erstickenden Joch eines von Frankreich auferlegten Systems standen, das von der Diktatur der französischen Marionette Ahmadou Ahidjo verwaltet wurde. Paul Biya, eine weitere Französische Marionette, die auf Befehl Frankreichs Ahidjos Nachfolge antrat, ist seit 1982 an der Macht und hat die Erstickung Kameruns noch weiter verschärft.

Fast sechzig Jahre später steht Kamerun immer noch

unter der Kontrolle der von Frankreich eingesetzten Anti-UPC-Kräfte --- das sind Kameruner, die keine Rolle gespielt haben, weder als Gemäßigte noch als Radikale, im nationalistischen Kampf für die Wiedervereinigung und Unabhängigkeit des Landes. Tatsächlich half Frankreich seinen Marionetten bei der Errichtung eines Polizeistaates, um ihre Herrschaft durchzusetzen, was erklärt, warum Kamerun nie eine Herrschaft unter einem Staatsoberhaupt erlebt hat, das die Wahl des Volkes ist oder war.

Die Mafia geht weiter. Das Land, das Afrikas kühnen Geist verkörpert, ist immer noch im Griff der Kräfte, die gegen sein Streben nach Befreiung, Entwicklung und Partnerschaft mit anderen fortschrittlichen Kräften der Welt waren.

Die Ermordung von Ruben Um Nyobé, Félix Moumié, Patrice Lumumba, Castor Osendé Afana, Ernest Ouandie und Zehntausenden kongolesischen und kamerunischen Bürger-Nationalisten war schließlich eine erfolgreiche Kampagne der neokolonialen Mächte, um die echte unabhängige Entwicklung Afrikas zu zerstören, da die Niederlage der antikolonialen Bewegungen in diesen Ländern das panafrikanistische Bestreben zur Schaffung einer afrikanischen Wirtschaftsunion und zur politischen Integration des Kontinents schwächte.

Trotz gegenteiliger Anzeichen oder Erwartungen hätten das Kamerun von Nyobè/Moumié/Ouandie, das nie realisiert wurde, und der Kongo von Lumumba, der es nicht gab, im geografischen, wirtschaftlichen und politischen Zentrum der Afrikanischen Union gelegen, was noch ist noch die Vision vieler progressiver Afrikaner ist, die hoffen, dass sich der Kontinent in der wachsenden multipolaren Welt einen Platz des Respekts vor sich selbst sichert.

Der Sarkophag von Félix Moumié fehlt noch heute an seiner Ruhestätte auf dem Friedhof in Conakry, Guinea. Albert Kingue ist immer noch in Kairo, Ägypten, begraben. Ruben Um Nyobé, Ernest Ouandie, Castor Osendé Afana und die anderen Führer der UPC, die von den Franco-Ahidjo-Streitkräften getötet wurden, werden kaum anerkannt, geschweige denn in den Annalen der Kamerunischen Geschichte geehrt, obwohl ihre Namen Straßen und Infrastrukturen in anderen Ländern zieren von Afrika und der Welt.

Sechs Jahrzehnte später sehen Kameruner, die sich erheben, um den Mafiastaat herauszufordern, immer noch Felix-Roland Moumié und die anderen historischen unionsnationalistischen Führer, die von Frankreich und den Marionetten, die es dem Land aufgezwungen hat, getötet, ins Exil geschickt oder untergraben wurden, als die Kräfte, denen sie in ihrem Bestreben, das dem Volk auferlegte, System zu demontieren, nacheifern müssen. Das System und sein autoritäres politisches Establishment werden heute von Paul Biya angeführt, einer Marionette, die Frankreich dem Volk von Kamerun aufgezwungen hat. Der zweite kamerunische Präsident ist seit siebenundvierzig Jahren an der Macht (siebenunddreißig Jahre als Präsident oder Staatsoberhaupt seit 1982 und zehn Jahre als Premierminister des einzigen Landes in Afrika, in dem sein Staatsoberhaupt nie die Wahl des Volkes war, sondern eine Auferlegung durch Neokolonialisten).

Politische Karte der Afrikanischen Länder

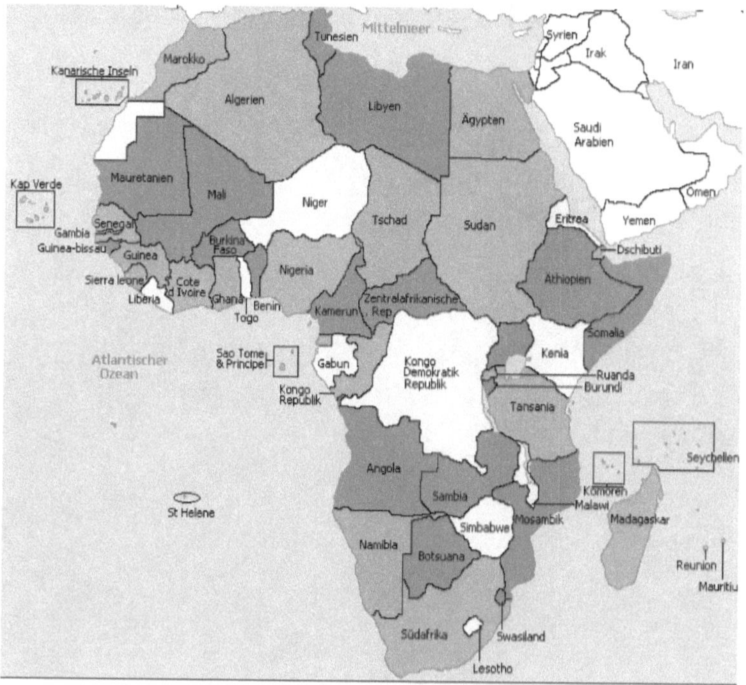

Demokratie Index Karte von Afrika

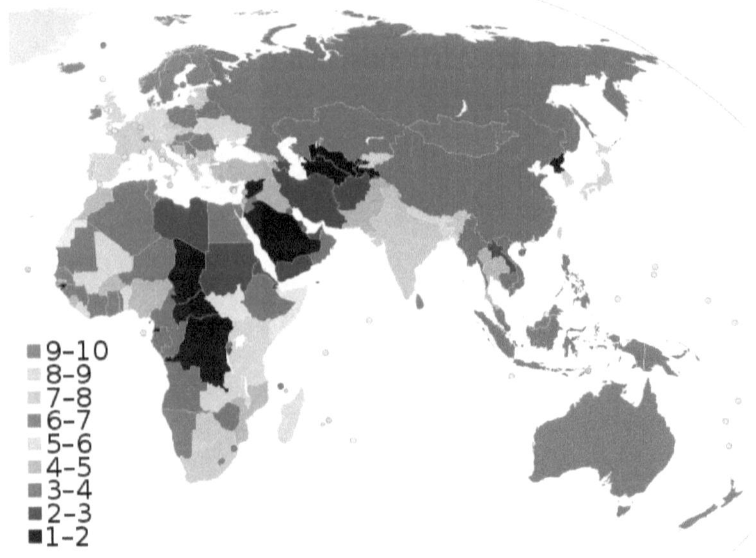

9–10
8–9
7–8
6–7
5–6
4–5
3–4
2–3
1–2